Eisbär, Pinguin & Co.

Rotraud Reinhard · Wolfgang Held

Eisbär, Pinguin & Co.

Polartiere filzen und kennenlernen

Verlag Freies Geistesleben

Inhalt

Arktis und Antarktis

Wenn wir von den fünf Kontinenten und den sieben Weltmeeren auf unserer Erde sprechen, dann vergessen wir ein Land – doppelt so groß wie Australien –, das unter dem ewigen Eis am Südpol liegt, und wir vergessen den «achten Ozean», der sich unter der dünnen Eisschicht des Nordpols befindet.
Mit «Arktis» im Norden und «Antarktis» im Süden bezeichnen wir die Gebiete jenseits des 66. Breitenkreises. Den Namen haben die Polregionen von der bekanntesten Sternenkonfiguration des Nachthimmels erhalten: dem Großen Wagen beziehungsweise der Großen Bärin – «Arktos» ist der griechische Name für Bär. Das Sternbild kreist um den nördlichen Polarstern und bietet nachts aufgrund seiner Größe die einfachste Möglichkeit, den Norden zu finden. In dieser stellaren Namensgebung liegt wohl die Empfindung, dass diese Polregionen uns ebenso weit entfernt sind wie die nächtlichen Sterne.
«Weit entfernt» ist auch das arktische Klima – so wurde auf der russischen Antarktisstation Wostok 1983 eine Kälte von -89,2 °C und eine Windstärke von 307 km/h gemessen. So weit entfernt, dass erst 1820 aus der Vermutung eines unbekannten Eis-Landes im Süden Gewissheit wurde.

Das 20. Jahrhundert gilt als das Jahrhundert, in dem sich die Bevölkerung der Erde als Menschheit entdeckte, in dem Flugreisen, weltweiter Handel und Begegnung der entlegendsten Kulturen zum täglichen Leben gehören. Es überrascht deshalb nicht, dass sich zum Beginn dieses 20. Jahrhunderts Forscher auf den Weg machten, Arktis und Antarktis, die äußersten Ränder dieser Erde, zu erkunden.

So eisig und kalt die polaren Einöden sind, so berührend und angefüllt mit den tiefsten menschlichen Empfindungen sind die Geschichten der menschlichen Wege an den südlichen und nördlichen Rand der Welt. Keine Einsamkeit scheint größer als diejenige im vom Sturm umfegten Zelt des Polarforschers Robert Falcon Scott, wenn er in seinen letzten Stunden ins Tagebuch notiert: «Wären wir am Leben geblieben, ich hätte eine Geschichte erzählen müssen von Kühnheit, Ausdauer und vom Mut meiner Gefährten, die das Herz jedes Briten gerührt hätte.»

Kein Triumph scheint vollständiger zu sein als derjenige von Roald Amundsen, als er am 14. Dezember 1911 als erster Mensch am Südpol steht und die Achse der Erde unter seinen Füßen denken kann. Auch gibt es wohl keine größere Erleichterung als diejenige des Polarforschers Ernest Henry Shackelton, als er vom chilenischen Rettungsschiff seinem Bootsmann die Frage zuruft, ob alle wohlauf seien und ihm entgegenschallt: «Alle heil und wohlauf!». Es war wohl die großartigste und abenteuerlichste Rettungsaktion der Geschichte. Das Segelschiff der Antarktis-Expedition fror im Packeis fest und wurde schließlich von den Eismassen zerdrückt. Die Mannschaft erreichte nach waghalsiger Wanderung die Insel Elephant Island und richtete sich unter einem gewendeten Rettungsboot ein. Dort ließ Ernest Shackleton, der Leiter der Expedition, die Mannschaft zurück und segelte mit einem kleinen Rettungsboot und kleiner Besatzung durch die raue polare See zur 700 Seemeilen entfernten Insel Südgeorgien. Völlig erschöpft mussten die Seeleute die als unüberwindbar geltenden Gebirgszüge der Insel überqueren, um endlich die Walfangstation zu erreichen. Erst beim vierten Versuch nach vier Monaten gelang es, mit einem chilenischen Schiff durch das Packeis nach Elephant Island vorzudringen und die in der Eiswüste zurückgelassene Crew zu retten.

Sir Edmund Hillary, der Erstbesteiger des Mount Everest, schrieb eindrucksvoll: «Was die Wissenschaft anbelangt, gebt mir Scott, für Schnelligkeit und Tüchtigkeit gebt mir Amundsen, aber wenn es zu einer Katastrophe kommt und die Lage hoffnungslos ist, dann fallt auf die Knie und fleht um Shackleton.»

Die späte Entdeckung der Antarktis und Arktis machte es möglich, dass es zu keiner Kolonisierung und Ausbeutung der reichen Bodenschätze dieser Regionen kam. Im 20. Jahrhundert

war man klüger geworden, sodass 1959 international verein-
bart wurde, dass die Ausbeutung der reichen antarktischen
Bodenschätze sowie eine militärische Nutzung ausgeschlossen
sind. Der Vertrag wurde 1991 bis ins Jahr 2014 verlängert.
Doch wir wissen, dass die Gefahr für die arktischen Regionen
von anderer Seite droht. Die bloße Wanderung über das eisfreie
Geröll der Antarktis beispielsweise hat Folgen: In der kalten
Südpolwelt gehen die Stoffwechselprozesse so langsam, dass
Moose, Flechten und Landalgen mitunter 10 Jahre benötigen,
um sich von einem Fußabdruck wieder zu erholen.
Für den viel diskutierten Klimawandel gibt es kaum ein ein-
drücklicheres Bild, als einen ausgewachsenen Eisbären auf einer kleinen Eisscholle sitzen zu sehen.
Tatsächlich zeigen sich in dieser fernen Eiswelt die Folgen
der Erderwärmung besonders deutlich. So öffnet sich in den
letzten Jahren im Sommer immer die Meeresstraße zwischen
Norwegen und der Tundra Nordrusslands. Seit den 60er Jahren des letzten Jahrhunderts ist die durchschnittliche Eisdecke
– das haben Satellitenmessungen ergeben – um ein Drittel
geschrumpft. Polarforscher befürchten, dass schon in wenigen
Jahrzehnten das Eis der Nordkappe im Sommer vollständig
verschwinden könnte, was keine geringen Auswirkungen auf
die gesamte Erde hätte, denn mit dem Verlust der Eiskappe
verliert die Erde ihr größtes Reflexionsschild der Sonnenein-

strahlung. «Es sieht so aus, als wären wir 30 Jahre früher dran als erwartet», so Ted Scambos vom National Snow and Ice Center / USA.

Es gehört deshalb zu den dringlichen Aufgaben der nächsten Jahre, die Erwärmung der Atmosphäre in möglichst engen Grenzen zu halten. Die Konsequenzen für das Ökosystem der Arktis und der Antarktis können heute selbst Polarforscher kaum abschätzen. Dabei beruhigt es kaum, dass der Südpol bereits in der Vorzeit gewaltigen Änderungen unterworfen war.

Betrachtet man die Erde als ein dem menschlichen Organismus vergleichbares Lebewesen, so entspricht die Polarregion dem an Stoffwechsel und Wärme ebenfalls armen Kopfbereich des Menschen. Der Lebensfülle des Äquatorgürtels entspricht dem mittleren Bereich des Menschen, in dem sich die Stoffwechselprozesse finden. In den Tropen besteht die Herausforderung, den Artenreichtum und den reichen Stoffwechsel der Urwälder als «Lunge der Erde» zu erhalten. In der Arktis und Antarktis, dem doppelten Kopf, dem Sinnesorgan der Erde, besteht eine andere ökologische Herausforderung. Hier zeigt die Natur keine Vielfalt, sondern wenige Tierarten treten in großer Zahl auf. Deshalb scheint es auch leichter, das arktische Ökosystem zu begreifen als die überbordenden tropischen Zusammenhänge. Aus diesem ökologischen Verstehen sollte es doch möglich sein, so möchte man hoffen, diesen besonderen

Lebewesen am Rande unserer Welt, wie beispielsweise Eisbär, Robbe, Polarfuchs oder Pinguin, bei der Anpassung und Bewältigung des Klimawandels helfen zu können.

Die Arktis ist der nördlichste Erdgürtel und bedeckt Teile von Russland, Alaska (USA) und Kanada sowie Grönland (Dänemark), Lappland (Norwegen, Schweden, Finnland) und Spitzbergen (Norwegen), ferner den großteils von Eis bedeckten Arktischen Ozean (Nordpolarmeer).
Der auf 66° 33' nördlicher Breite gelegene Polarkreis ist einer der fünf speziellen Breitenkreise, welche die Erde in Zonen einteilen. Vom Polarkreis an nordwärts geht die Sonne zur Sommersonnenwende für mindestens 24 Stunden nicht unter, sondern bleibt oberhalb des Horizonts sichtbar. Daher bezeichnet man die Arktis auch als «Land der Mitternachtssonne».

Die Antarktis umfasst die um den Südpol gelegenen Land- und Meeresgebiete. Als geografisch-astronomische Zone wird sie durch den südlichen Polarkreis begrenzt und reicht somit bis 66° 33' südlicher Breite.
Als geografische Grenze gilt die antarktische Konvergenz bei etwa 50° südlicher Breite, wo das kalte antarktische unter das wärmere subtropische Oberflächenwasser absinkt. Die Zone zwischen 50° Süd und dem Polarkreis wird auch als subantarktisch bezeichnet.

Der Eisbär

Der einsame, ruhende König

«Ungekrönte Könige der Wildnis», so nennt der Biologe Ernst-Michael Kranich die Bären. Für den Eisbären gilt diese Adelung besonders, auch wenn man hier ergänzen möchte: «ohne Hofstaat». Denn fast auf allen Abbildungen des weißen Bären sieht man, wenn er sich nicht an eine schlafende Robbe anschleicht oder ein verendeter Wal mehrere Eisbären anzieht, nur ihn – einsam über die unendliche Eislandschaft der Arktis wandernd. Nur für wenige Wochen im Sommer vereinen sich Bärin und Bär für die Befruchtung, dann aber trennt sich das kurze Paar. Beide gehen wieder eigene Wege: das Männchen alleine, das Weibchen mit dem Nachwuchs.

Der Eisbär ist das körperlich mächtigste landlebende Raubtier. Die Männchen wiegen zwischen 500 und 700 kg, die Weibchen zwischen 300 und 500 kg – in der sibirischen Tundra sind sogar schon Tiere von einer Tonne Gewicht entdeckt worden.

Der Eisbär ist ein Tier für die Kälte: Ein 15 cm dickes Fell, im Winter weiß, im Sommer gelblich, bedeckt den Bären. Auch die Sohlen sind bis auf Fuß- und Zehenballen behaart. Das durchsichtige Haarkleid lässt UV-Strahlung auf die schwarze Haut dringen und ist wie das Gefieder der Enten wasserabweisend, sodass der Eisbär über Stunden im kalten Polarmeer schwimmen kann.

Doch woher kommt die Sympathie, die wir Menschen für dieses gewaltige Raubtier empfinden? Seit der Bären-Euphorie, entzündet durch Theodor Roosevelt, der sich gerne mit erlegten Bären abbilden ließ, fehlt in keinem Kinderzimmer ein «Teddy»-Bär. Süßigkeiten und Wappen (wie in Berlin) haben oder zeigen die Gestalt des Bären. «Wie hat Knut die Ostertage überstanden?», wurde in den deutschen TV-Nachrichten der Tierpfleger des jungen Waisen-Bären im Berliner Zoo gefragt. Wie kommt es, dass unter den zahllosen mit der Flasche aufgezogenen Jungtieren gerade ein Eisbär solch ein mediales Interesse weckte? Wie im Jahr zuvor, als der sogenannte «Problembär», der Braunbär Bruno, der deutschösterreichischen Alpen landesweite Sorge hervorrief, war es wieder ein Bär, dem die Zuneigung galt.

Obgleich er uns fremd ist, wenn wir an den einsamen Wanderer in den langen Polarnächten denken, an das blutgetränkte Fell nach dem Riss eines Beutetieres, so lässt sich die Verwandtschaft des Bären zum Menschen nicht leugnen. Diese Verwandtschaft ist es, die wir intuitiv spüren.

So ist der Bär eines der wenigen Tiere, die bei den Hinterläufen mit dem ganzen Fuß auftreten. Sie sind nicht wie Pferd, Hund und Katze, die nur auf Zehenspitzen den Boden berühren und quasi ständig «auf dem Sprung» sind, sondern sie ruhen auf der Erde. Während ein stillstehender Hund den Eindruck des «Noch-nicht-Rennens» vermittelt, strahlt ein Bär, wenn er verharrt, vollständige Gelassenheit aus.

Dabei verbirgt das Zottelfell die langen Gliedmaßen, durch die der Bär sich von anderen Raubtieren unterscheidet. Durch die langen Läufe steht er sprichwörtlich anders in der Welt als andere Raubtiere. Seine Beziehung zur Umwelt hat demnach bereits anatomisch eine größere Vielfalt.

Die Vorder- und Hinterläufe sind Arme und Beine. So kann der Eisbär schwimmen, aber auch zwei Meter hohe Eisklippen durch Sprünge überwinden. Er kann für die eigene Winterhöhle oder auf der Suche nach Robbenquartieren im Eisschnee graben. Als Braunbär erstreckt sich die Virtuosität seines Bewegungsreichtums vom Fischefangen und Beerensammeln über Baumklettern und Honiggewinn.

«Der Bär ruht», so schreibt Ernst-Michael Kranich, mehr als die meisten anderen Tiere in sich selbst. Gemütlichkeit und Bärenruhe sind deshalb die typischen Eigenschaften, die man ihm zuspricht.

Eine weitere Nähe zu uns Menschen liegt darin, auf welche

Weise die Bären ihr Leben beginnen. Nicht wie Pferde oder Giraffen, die kurz nach der Geburt schon auf eigenen Beinen stehen können, sondern völlig hilflos und kaum größer als eine Maus werden die Jungen geboren. Die Eisbärmutter hat zuvor Anfang Dezember eine Schneehöhle gegraben. Im Dämmerlicht, das durch die Schneedecke fällt, wächst der Nachwuchs von der Maus- zur Hundegröße heran. Aus der mütterlichen Bauchhöhle wird die Schneehöhle. Die winterlichen Schneefälle lassen die Grabspuren der Höhle bald verschwinden. Während dort Stürme und Temperaturen von bis zu -50 °C herrschen, ist es durch die Körperwärme der Eisbärmutter in der Höhle um 0 Grad «warm».

Wer sich die winterliche Arktis vorstellt, muss sich zur eisigen Einöde die vielen verborgenen Wärmezellen denken, in denen gut beschützt neue Königinnen und Könige heranwachsen.

Erst wenn in der Eiswelt der Frühling einkehrt, steigt die Eisbärmutter aus dem winterlichen Unterschlupf – die Jungen sehen jetzt erstmals das Sonnenlicht. Noch mindestens ein Jahr – meist länger – bleiben die Eisbärjungen bei der Mutter. Sie werden noch lange gesäugt und zur Jagd angeleitet. Sie lernen die Höhlen der Jungrobben zu wittern, an Atemlöchern in der Eisdecke auf Seehunde zu warten, bis sie schließlich stark und selbstständig genug sind, ihre eigenen Wege zu gehen.

In der langen Kindheit der Bären liegt im besonderen Maß die

Nähe zu uns Menschen – der Bär behält die kindliche Offenheit jedoch sein Leben lang. Polarforscher wie Alwin Pedersen berichten, wie zum Schrecken der Forscher Eisbären plötzlich in der Tür der Polarstationen standen – nicht auf Nahrungssuche, sondern aus Interesse.

Die Könige der Wildnis ohne Hofstaat drohen in unserer Zeit zu Königen ohne Königreich zu werden. Gegenwärtig schwindet jährlich das Eisfeld der Arktis im Sommer um 7 % und im Winter um 2 %. Erstmals konnte 2004 die Nordostpassage von Schiffen ohne Eisbrecher befahren werden, weil das Packeis sich vom asiatischen Festland während der Sommermonate weit genug zurückgezogen hatte. Die Hochrechnungen der Klimaforscher gehen weit auseinander. Die düsteren Prognosen sehen das sommerliche Eisfeld zur Jahrhundertmitte verschwinden. In günstigen Klimaszenarien wird es bis zum Jahrhundertende auf ein Drittel geschrumpft sein.

Auch wenn diese eisige Einöde uns sehr fremd und manchen gar wenig schützenswert vorkommen mag – ihr König gehört zu unseren engsten Verwandten.

Eisbär

Lateinischer Name: *Ursus maritimus*

Größe: *Kopf-/Rumpflänge: 2 bis 3 m, Kreuzhöhe: 1,2 bis 1,6 m*

Gewicht: *400 bis 500 kg (Männchen bis zu 700 kg)*

Vorkommen: *ca. 60 Prozent aller Eisbären leben in Kanada. Sie leben und jagen vorwiegend auf arktischen Eisschollen in der Nähe von Küsten und Inseln der Arktis. Optimale Bedingungen finden sie dort, wo es Packeis, offenes Wasser und Küstenstreifen gibt.*

Nahrung: *Allesfresser; Robben, Walrosse, Fische, Polarhasen, Beeren, Gräser*

Lebensdauer: *20 bis 35 Jahre*

Merkmale / Fortpflanzung: *Weißes bis gelbliches Fell, langer Hals, kleiner Kopf, die Männchen sind wesentlich größer als die Weibchen. Die Paarungszeit dauert von Ende März bis Anfang Juni. Ein Eisbärweibchen ist erst mit vier oder fünf Jahren geschlechtsreif und bekommt dann meist zwei Junge, welche sie im Dezember oder Januar in der selbst gegrabenen Schneehöhle zur Welt bringt. Bei der Geburt wiegen die Jungen 600 bis 700 Gramm und sind blind und taub. Erst mit einem Körpergewicht von 8 bis 12 Kilogramm verlassen sie im Frühling erstmals die Höhle. Meist verbringen die jungen Eisbären die ersten zwei Lebensjahre noch bei der Mutter, die ihnen alles beibringt.*

Die Robbe

Alles ist in der Mitte

Sieht man eine Robbe an Land, dann fragt man sich vielleicht, warum dem Tier diese «Ungerechtigkeit der Natur» zuteil wurde, so umständlich und mühsam ist es für das Tier, sich auf die Flossen gestützt mit der Lendenmuskulatur fortzubewegen. Doch sobald die Robbe ins Wasser springt ist alles anders. Sie scheint mit dem Wasser, mit Welle und Strömung eins zu werden.

Geringer Kraftaufwand reicht aus, um den stromlinienförmigen Körper durchs Wasser schießen zu lassen. Aus dem trägen Lagern an Land wird ein verspieltes, waches Treiben. Beträgt der Bewegungsradius an Land wenige Meter, so sind es beispielsweise beim Seehund – er gehört zur Familie der Hundsrobben – im Wasser bis zu 100 Quadratkilometer, die er auf seiner Jagd nach Heringen und anderen Fischen durchstreift.

Doch nicht nur die Bewegungen sind verwandelt, auch die Sinne der Robbe kommen nun eindrucksvoll zur Geltung. Das Gehör des Tieres ist im Wasser viel besser als an Land, und vor allem die großen Augen sind jetzt in ihrem Element. Der Biologe Deane Renouf beschreibt, dass Seehunde in mondhellen Nächten in vierhundert Metern Wassertiefe noch Fische erkennen. Die mit fischtypischen runden Linsen ausgestatteten Robbenaugen sind in der Lage, im Restlicht dieser Wassertiefe Schemen zu erfassen. Außerdem dienen die Borstenhaare an Mund, Nase und Augen dazu, feinste Druckschwankungen im Wasser wahrzunehmen. Während bei uns Menschen bei Kälte die Tastwahrnehmung verloren geht, bleibt die Sensibilität der Tasthaare bei der Robbe erhalten. Die Haaransätze sind reich durchblutet, sodass eine sensible Tastwahrnehmung selbst im Eiswasser der Polmeere bestehen bleibt.

Die Durchblutung spielt überhaupt eine große Rolle. Während bei Säugetieren gewöhnlich das Blut etwa ein Zwölftel des Gewichtes ausmacht, wächst dieses Verhältnis bei Robben auf ein Siebtel des Gewichtes. Eine Robbe in Menschengröße hat demzufolge 8 bis 10 Liter Blut. Da das Blut für die Erhaltung und Regulation der Wärme zuständig ist, zeigt dieser Gewichtsvergleich, über welch ausgeprägte Wärmeorganisation diese Tiere verfügen. Nicht nur die Haarwurzeln sind durchwärmt, sondern das gesamte Tier ist – isoliert durch eine kräftige Fettschicht – quasi in Wärme getaucht.

Diese Orientierung zur Wärme zeigt sich auch in der Gestalt, denn die Bereiche, in denen der Leib abgekühlt wird, sind auffallend zurückgebildet. Der Kopf ist ausgesprochen klein

und auch die Gliedmaßen erschöpfen sich bei dem Wasser-Land-Tier in zu Flossen umgewandelten Händen, die aus dem mächtigen Rumpf herausragen.

So erscheint die Robbe als ein großartiges Bauch-Wesen, ein Tier, bei dem die räumliche und funktionelle Mitte alles überragt – ähnlich wie in unseren Breiten bei der Kuh. Auch bei unserem Vieh überragt in Größe und Leistungsfähigkeit der Rumpf mit dem unvergleichlichen Verdauungsapparat die Gliedmaßen und das Haupt. Doch während die Kuh ein reiner Pflanzenfresser ist, sind die Robben – man mag es bei der Gestalt kaum glauben – Raubtiere. Die Namensgebungen der Unterarten unterstreichen dies: See*hund*, See*bär*, See*leopard*, See*löwe* (Foto Seite 26). Der aus Zirkus- und Zoovorführungen vertraute Seelöwe zeigt von den verschiedenen Robbenarten das ausgeglichenste Erscheinungsbild. Er besitzt als eine der wenigen Robbenarten äußere Ohrmuscheln und der verspielte «Hund der Meere» kann die hinteren Flossen vergleichbar den Beinen nach vorne wenden.

Indem die Gliedmaßen der Robben zurückgebildet sind, haben sie an Land sprichwörtlich keinen Zugriff auf ihre Umgebung – sie sind ihrer Umwelt viel stärker ausgeliefert. Auch der kleine Kopf unterstreicht, dass den Robben Dominanz fremd ist. Die übermäßige Betonung der Mitte und die geringe Ausbildung der Gliedmaßen und des Kopfes verleihen den Robben – bei aller Leibesfülle – ein friedfertiges Erscheinungsbild. Wohl auch deshalb berührt uns die menschliche Robbenjagd in besonderem Maß. Natürlich kommt hier hinzu, dass auf der Suche nach dem weichen Pelz vor allem den ahnungslosen Jungtieren nachgestellt wird.

Dass bei den Robben der Raubtiercharakter reduziert ist, haben Biologen wie Wolfgang Schad und Ernst-Michael Kranich auch am Gebiss der amphibischen Tiere deutlich machen können. Während alle sonstigen Landraubtiere im Ober- und Unterkiefer jeweils drei Schneidezähne besitzen, nehmen diese aktivsten Zähne bei den Robben schrittweise ab. Je mehr eine Robbe Bauch wird, je mehr Kopf und Gliedmaßen zurücktreten, desto «defensiver» wird auch das Gebiss: der agile, wache Seehund besitzt nur unten einen Zahn weniger, also 5 statt der 6 üblichen Zähne. Die Mönchsrobben haben oben und unten je 2 Schneidezähne; beim mächtigen See-Elefanten, der als Männchen über 5 Meter Länge und ein Gewicht von über 3,5 Tonnen erreicht, stoßen zwei obere auf einen unteren Schneidezahn.

Bei intellektueller Anstrengung nimmt man gerne die Lippe zwischen die Schneidezähne. Dieser Reflex hilft, die Konzentration zu bündeln. Bekanntlich macht sich übermäßige Wachheit und Nervosität gerne am Gebrauch der Schneidezähne bemerkbar, denn sie sind in besonderem Maße mit Nerven-

und Sinnesprozessen verbunden. Außerdem sind Zahnbe-
handlungen an den Schneidezähnen unangenehmer als beispielsweise an den Backenzähnen.

Leben ist immer ein Zusammenspiel von Gestalt und Vitalität,
von Form und Stoff. Adler und Hirsch sind Wesen komplizier-
tester Gestalt, ein Schmetterling spannt den Bogen so weit,
dass vor lauter Gestalt, Farbe und Form fast keine Materie
mehr greifbar ist – am anderen Ende der Skala befinden sich
die Robben. Während in den Tropen die Natur in Wildkatzen,
Insekten und Vogelwelt die Formen in den größten Reich-
tum führt, präsentiert die Natur in der lebensfeindlichen Welt
der arktischen und antarktischen Region in Robbe oder Wal-
fisch das vollste Leben. Im tropischen Überfluss nimmt sie das
Leben zurück – im Mangel triumphiert sie.

Robben

Die Robben (lateinischer Name Pinnipedia) gehören zur Gruppe der Raubtiere (Carnivora). Der wissenschaftliche Name leitet sich aus dem Lateinischen von pinna, «Flosse», und pes, «Fuß», ab und bedeutet demnach übertragen «Flossenfüßer».

Innerhalb der Gruppe der Robben gibt es über 30 verschiedene Arten. Sie unterscheiden sich zum Teil in ihren morphologischen Merkmalen und physiologischen Fähigkeiten, haben aber aufgrund ihrer Artverwandtschaft eine Vielzahl von Gemeinsamkeiten.

Grundsätzlich unterscheidet man drei Familien:

Hundsrobben (Phocidae) bilden die größte der drei Robbenfamilien. Neben der Karibischen Mönchsrobbe existieren noch 18 weitere Arten. Die Hundsrobben umfassen eine Vielzahl kleinerer Robben wie etwa Seehunde, Kegel- oder Sattelrobben (diese wird im Folgenden etwas genauer betrachtet, da sie auch im zweiten Teil des Buches vorkommt), aber auch die riesigen See-Elefanten.

Ohrenrobben (Otariidae) haben kleine äußerliche Ohren und können ihre Beinflossen nach vorne unter den Körper drehen, um sich so besser an Land bewegen zu können. Die 14 Arten dieser Gruppe sind vor allem große koloniebildende Robben wie Seelöwen oder Seebären.

Walrosse (Odobenidae) sind heute nur noch durch eine Art vertreten. Sie zeichnen sich vor allem durch ihre auffälligen Stoßzähne aus.

Sattelrobbe

Lateinischer Name: *Phoca groenlandica*
Größe: *170 bis 180 cm*
Gewicht: *100 bis 130 kg*
Vorkommen: *Nordpolarmeer*
Die Hauptpopulation lebt im Weißen Meer, bei Jan Mayen und im Nordwestatlantik (Neufundland).
Nahrung: *Fische, besonders Kabeljau, Hering, Makrele, Tintenfische, Krill und andere Krustentiere*
Lebensdauer: *30 Jahre*
Merkmale / Fortpflanzung: *Die Männchen dieser Robbenart sind sehr charakteristisch gefärbt und unverwechselbar. Sie sind silbergrau, haben einen schwarzen Kopf und eine schwarze, hufeisenförmige Markierung, die sich von den Schultern über beide Flanken zieht. Weibchen haben ähnliche Markierungen, die jedoch viel blasser sind und sich manchmal zu einer Fleckenzeichnung auflösen.*
Sattelrobben bringen ihre Jungen in Treibeisregionen zur Welt und leben auch am Rande des Packeises. Die Fortpflanzungszeit liegt typischerweise im Frühling oder Frühsommer. Die Tragzeit beträgt bei Robben je nach Art acht bis fünfzehn Monate. Neugeborene besitzen ein spezielles flaumiges Geburtsfell, das «Lanugo» genannt wird (Foto der Sattelrobbe auf Seite 23).

Der Polarfuchs

Die Balance zwischen den Extremen

«Er trägt sehr dazu bei, dass sich die stillen Einöden des hohen
Nordens im Winter beleben», schreibt der Tierforscher Bern-
hard Grzimek über den Polarfuchs, der mit seinem leichtfü-
ßigen Gang in der gesamten Arktis, von Nordnorwegen über
Grönland bis Kanada zu finden ist. Was für den Polarfuchs
oder Eisfuchs gilt, gilt für den Fuchs überhaupt: das «Überall».
Als Steppenfuchs in Zentralasien, als Rotfuchs in Europa, Nor-
damerika, Asien und Australien fühlt sich der zu den hundear-
tigen Jägern gehörende Fuchs in beinahe jeder Gegend der
Erde zu Hause. In Deutschland kann man ihn im flachen san-
digen Watt ebenso beobachten wie an der Baumgrenze der
Alpen oder auch in den Vorgärten der Städte. Anspruchslosig-
keit und Anpassungsfähigkeit sind die Eigenschaften, die ihm
diese geographische Weite des Lebensraums ermöglichen.
Kaum ein Säugetier hat dabei in verschiedenen Kulturkrei-
sen eine so eindeutige Charakterzuweisung erhalten wie der
Fuchs. Seien es die Fabeln von Äsop oder Goethes Dichtung
«Reineke Fuchs»: Als schlauer, vorsichtiger, verschwiegener

Einzelgänger wird der Fuchs stilisiert, und wohl jedes Kind hat die angedichtete Eigenschaft begeistert, der Fuchs könne mit seinem langen Schwanz die eigene Spur im Lauf verwischen. Tatsächlich ist die Fuchsspur leicht zu erkennen. Wie eine Perlenschnur liegen im Schnee die Fußabdrücke ohne seitlichen Wechsel in einer Linie. Wer in ähnlicher Weise den Gang zur Linie werden lässt, indem er auf einem Balken oder einem Seil balanciert, weiß, wie sehr bei solch einem Lauf die Aufmerksamkeit bis in die Zehenspitzen fährt, ohne aus dem Umkreis verloren zu gehen.

Während ein Vogel mit den Augen den gesamten Umraum erfasst, riecht, sieht, hört und tastet der Fuchs gleichermaßen – ist mit der Aufmerksamkeit wie die Vögel im Umkreis zu Hause und doch bei sich. Diese Wachheit, aber auch der schleichende Gang und das Jagdverhalten des Fuchses, sind uns vor allem von Katzen vertraut. Wie diese andere Familie der heimischen Raubtiere ist der Fuchs «Individualist» und kein Rudeltier, wie man es von den Hunden kennt.

Fuchs und Luchs haben nicht nur lautlich einen fast identischen Namen, sie ähneln sich auch darin, dass sie beide sogenannte «Brückentiere» sind. Der Biologe Wolfgang Schad weißt darauf hin, dass die Wildkatze Luchs als kräftiger Wanderer hundeartig ist und der Fuchs als Wildhund katzenartig.

Was kennzeichnet nun die «Katze unter den Hunden», den Fuchs der Polarregion?

Mit einem Gewicht von bis zu 5 kg und einer Körperlänge bis zu 90 cm ist er etwas kleiner als unser heimischer Rotfuchs. Längere Beine und eine gedrungenere Schnauze lassen den weißen Jäger hundeartig aussehen. Dazu trägt auch ein entscheidendes Detail bei: die Augenbrauen sind nicht wie beim Rotfuchs nach innen gewandt, sondern wie beim Hund flach geweitet. Dadurch gewinnt das Antlitz des Fuchses einen «freundlicheren» Charakter.

Der Eisfuchs spiegelt eindrucksvoll die zwei Gesichter der arktischen Region – Sommer und Winter sind dort alles beherrschende Gegensätze: andauernde Dunkelheit – andauernde Helligkeit, geschlossene Eisdecken – treibendes Packeis, klirrende Kälte – mäßige Wärme.

Mit diesem Wechsel ändern sich Farbe und Form des Jägers. Im Winter bedeckt ein dichter weißer Pelz das Tier, sodass selbst Fußsohlen und Schnauze vor der Kälte geschützt sind und er mit seinem weißen Fell mit der Schneelandschaft verschmilzt. Im Sommer tritt ein braunes bis schwarzes kurzhaariges Fell in Erscheinung, in dem sich die Erdtöne der nun schneefreien Tundra wiederfinden.

Im Sommer wandeln sich die polaren Eisflächen des Winters in loseres Packeis, sodass der Fuchs den Eisbären nur schwer folgen kann. Im Winter nämlich bleiben die Füchse meist in der Nähe dieser hundertmal schwereren Raubtiere, denn was die Eisbären von erlegten Robben übrig lassen, dient den Eisfüchsen als Nahrung. Im Sommer sind es vor allem Vogelgelege.

Als würde der Fuchs die verschiedenen Farben des Eises von Weiß, Grau-Blau und schmutzigem Braun aufgreifen, kommen auch andere Farbvariationen von einem Hellgrau, Stahlblau, Anthrazit bis Kastanienbraun vor. Gemäß der unterschiedlichen Wintertracht unterscheidet man den Eisfuchs deshalb in den Weißfuchs und den farbigen Blaufuchs.

Forschungsreisende wie der Polarforscher Alwin Pedersen beschreiben, dass es beim Campieren in der Arktis nicht lange dauert, bis Eisfüchse den Schlaf stören – auf der Suche nach Nahrung verlieren sie rasch ihre Scheu. Bei den Überlebenden der Beringexpedition im 18. Jahrhundert nahm das dramatische Formen an. Die Eisfüchse wurden den verletzten Schiffbrüchigen zur Bedrohung.

Nur die wenigsten Menschen setzen ihren Fuß tatsächlich auf das Eis der Arktis, sodass es Erzählungen, Fotografien und Filme sind, durch die wir die Vorstellungen dieser Nordwelt gewinnen. Während in den inneren Arktisbildern wohl meistens Eisbären auftauchen, fehlen größtenteils Eisfüchse, dabei sind diese nördlichsten Hunde dort viel leichter und häufiger anzutreffen.

Polarfuchs

Lateinischer Name: *Alopex lagopus*
Größe: *Kopf-/Rumpflänge: 50 bis 70 cm, Schwanzlänge: ca. 30 cm, Kreuzhöhe: 30 cm*
Gewicht: *2,5 bis 5 kg*
Vorkommen: *Nord- und Westalaska sowie Nordkanada. In der Tundra, im Winter auch auf dem Packeis*
Nahrung: *Allesfresser; Lemminge, Aas*
Lebensdauer: *10 Jahre*
Merkmale / Fortpflanzung: *Der zur Familie der Hunde (Canidae) gehörende Polarfuchs ist im Winter weiß bis cremefarben, im Sommer braun oder graublau (Blaufuchs). – Für die Geburt und Aufzucht ihrer Jungen legen die Polarfüchse im späten Winter einen Bau an, der gewöhnlich von einem losen Familienverband bewohnt wird: häufig einem Männchen, zwei Weibchen und den Jungen. Polarfüchse sind monogam und bleiben ein Leben lang als Paar zusammen. Die Jungen werden im März oder April gezeugt. Die Fähe wirft einmal im Jahr drei bis neun, zuweilen auch mehr Junge nach einer Tragzeit von etwa 50 Tagen. Die Neugeborenen sind winzig und werden blind, taub und zahnlos geboren und tragen weiche dunkelbraune Pelzhaare, die rasch wachsen und sich zunehmend aufhellen. Nach drei bis vier Wochen wagen sich die Jungfüchse aus der Geburtshöhle, nach etwa zehn Wochen werden sie entwöhnt.*

Der Kaiserpinguin

Standhaftigkeit und Gemeinschaft im ewigen Eis

Spätestens seit den Bildbänden des Naturfotografen Franz Lanting oder dem Naturfilm «Die Reise der Pinguine» sind die schwarz-weißen Wandervögel der Antarktis ebenso beliebt wie beispielsweise Elefanten oder Delphine. Unter den sieben Pinguinarten ist der Kaiserpinguin der größte Vertreter der polaren Eisvögel. Während der 70 cm kleine und nur 5 kg schwere Adéliepinguin an allen antarktischen Küsten und vielen Inseln zu finden ist, lebt der Kaiserpinguin in einer Umgebung, wie sie unwirtlicher kaum sein könnte: dem Packeisgürtel des antarktischen Kontinents. Der 1 m große Vogel trotzt aufrecht stehend dieser «stillen winddurchfegten Unermesslichkeit», wie der Südpolbezwinger Robert Scott diese Landschaft beschrieb.

Der Bergsteiger Reinhold Messner durchwanderte 1990 das Land der Pinguine. Auf die Frage, warum er jede Rastpause auf dieser 2.800 km langen Wanderung auf die Minute eingehalten habe, beschrieb er, dass jede Form von Lockerung

des eigenen Vorhabens, jede Form von Lässigkeit in dieser lebensfeindlichen Welt bestraft wird.

Diese Standhaftigkeit, die nach Messner diese Landschaft von jedem verlangt, zeigen die Kaiserpinguine auf unnachahmliche Weise: Damit der Nachwuchs der Pinguine bis zum antarktischen Sommer «flügge» werden kann, beginnen die Paare im Winter bei -40 °C mit der Brut. Zu dieser Zeit, wenn alle anderen Pinguinarten mit dem Nachwuchs fertig sind, ist das Eis stark genug, die Kolonien der Kaiserpinguine zu tragen. Nach Wochen der Balz legt das Weibchen ein ca. 500 g schweres Ei, das relativ zum Körpergewicht das kleinste Ei im Vogelreich ist. Es übergibt die birnenförmige Frucht dann ihrem Partner. Dabei darf das Ei nur wenige Sekunden auf dem kalten Eis liegen, sonst gefriert es. Ein feiner Sprung in der Schale zeigt dann das Ende der Mühen an. Dieses Brutverhalten der Eiübergabe – und nicht das Bebrüten in einem Nest – haben Kaiser- und die etwas kleineren Königspinguine gemein.

Vorsichtig wird es von den Füßen der Mutter auf die Füße des Vaters gerollt. Schnell legt dieser die wärmende Speckfalte über das Rund und die Mutter kann nun die Kolonie verlassen, um sich nach ihrer zweimonatigen Fastenzeit im Meer genügend Speck für die spätere Aufzucht anzufressen.

Über ebenfalls zwei Monate lang trägt das Männchen nun allein das Ei auf den Füßen in der wärmenden Hautfalte nur wenige Zentimeter über der todbringenden Kälte des Bodens. Die Antarktis fällt nun in den Winter. Bei Temperaturen bis - 40 °C Grad und Winden von bis zu 200 km/h stehen die Pinguinmännchen dicht gedrängt beieinander (bis zu 10 Tiere pro Quadratmeter) und wärmen sich gegenseitig, wobei in einem festen Rhythmus von den eiskalten Randpositionen auf die wärmenden zentralen Stellen gewechselt wird. So sehr die «Könige der Arktis», die Eisbären, einsame Wanderer sind, so sehr sind die «Könige der Antarktis», die Pinguine, auf Gemeinschaft angewiesen.

Wenn nach zwei Monaten die Weibchen zur Brutkolonie zurückkehren, finden sie trotz der über tausend Tiere zählenden Gemeinschaft unmittelbar zu ihrer Familie. Da die Tiere im Gefieder kaum markante Unterschiede zeigen, vermuteten Biologen schon länger, dass sie sich an der Eigenart ihrer trompetenartigen Rufe erkennen würden. Französische Wissenschaftler haben die Pinguinlaute näher untersucht und festgestellt, dass sie sich aus zwei unterschiedlichen Frequenzbereichen zusammensetzen. Die Forscher spielten daraufhin den Tieren die Stimmen ihrer Familiengenossen vor, filterten aber jeweils eine der beiden Stimmlagen heraus. Der ursprünglich vertraute Ruf wurde daraufhin nicht mehr erkannt.

Es ist das Zusammenspiel der beiden Tonlagen, das es den Pinguinen ermöglicht, sich zu erkennen. Nicht der einzelne Ton, sondern das Intervall, das Beziehungsgefüge der beiden Laute, ist als Erkennungsmerkmal entscheidend.

Beim Menschen kann sich das gegenseitige alltägliche Wiedererkennen zu einer tieferen Erkenntnis der Persönlichkeit steigern. Doch auch dann gilt – wie jüngst von den Biologen bei den Kaiserpinguinen entdeckt –, dass nicht die einzelne Beobachtung die Basis der Menschenerkenntnis bildet, sondern die Zusammenschau verschiedener Wahrnehmungen am anderen. Erst wenn man beispielsweise verschiedene Handlungen eines Menschen in ihrem Verhältnis, ihrem Wechselspiel zueinander ins Auge fasst, kann sich der rote Faden, die geistige Handschrift dieser Tätigkeiten – und damit der Mensch selbst – offenbaren. Die Kaiserpinguine scheinen nicht nur im aufrechten Gang, sondern in der Fähigkeit, am Artgenossen Wahrgenommenes nicht absolut, sondern im Verhältnis zu nehmen, uns nahe zu sein.

Das Pinguinpärchen ist wieder zusammen und zugleich schlüpft der Nachwuchs. Nun wird es Zeit für das Männchen, den enormen Gewichtsverlust (ca. 40 %) wieder auszugleichen. Im antarktischen Winter sind die geschlossenen Eisflächen angewachsen, sodass der Weg zu den Fischgründen Tage der Wanderung bedeuten kann.

Bei seiner Rückkehr ist der Frühling nahe und jetzt geschieht ein weiteres Wunder der Natur: in sogenannten Schulen oder Kindergärten werden die kleinen Pinguine der Kolonie versammelt, sodass beide Eltern ins Meer gehen können, um den großen Nahrungsbedarf der nun schnell wachsenden Nachkommen zu stillen.

«In der Gemeinschaft ist man stärker» – wohl an keinem Ort der Erde zeigt sich diese alltägliche Erfahrung in einem so aus- und eindrucksvollen Naturbild wie in der Antarktis, wenn in der Pinguinkolonie die brütenden Eltern und später die Pinguinküken sich gegenseitig Windschutz und Wärme schenken.

So unbeholfen und langsam die Pinguine über die Eislandschaft wandern, so virtuos schwimmen sie im Meer. Der Antarktis-Experte John May schreibt: «Sie fliegen mit Leichtigkeit und Grazie durch die Unterwasserwelt.» Der kräftige Schwanz und die mit Schwimmhäuten versehenen Füße bilden die Ruder dieses Fluges im Wasser, der sie der Schwere scheinbar enthebt.

Kaiserpinguin

Lateinischer Name: *Aptenodytes forsteri*
Größe: *bis zu 1,30 Meter*
Gewicht: *30 bis 40 kg*
Vorkommen: *Antarktis*
Nahrung: *Fische und Krebstiere (Krill)*
Lebensdauer: *30 Jahre*
Merkmale / Fortpflanzung: *Ein Pinguin kann hervorragend tauchen – der Kaiserpinguin bis zu 36 Stundenkilometer schnell und bis zu 265 Meter tief. An Land oder auf dem Eis «watschelt» er eher unbeholfen aufrecht, wenn er nicht auf Schneehügeln rasant auf dem Bauch abwärts gleitet.*

Der Kaiserpinguin brütet im antarktischen Winter bei bis zu - 40 °C pro Jahr ein Ei, das zwischen die Füße gerollt und mit einer Hautfalte bedeckt wird. Die Brut dauert bei Kaiserpinguinen etwa 63 Tage, bei Königspinguinen etwa 50 bis 55 Tage, wobei sich Männchen und Weibchen abwechseln. Junge Pinguine sind mit etwa sechs Monaten selbstständig und verlassen die Pinguinkolonie.

Bei der ersten Mauser verlieren die Jungen ihr Flaumfedernkleid und bekommen das Federkleid der Erwachsenen.

(Foto des Kaiserpinguins mit Jungem auf Seite 38)

Königspinguin

Lateinischer Name: *Aptenodytes patagonicus*
Größe: *85 bis 95 cm*
Gewicht: *10 bis 15 kg*
Vorkommen: *Subantarktis (die nördliche Verbreitungsgrenze liegt auf Höhe der Falklandinseln)*
Nahrung: *Fische, Krebse, Planktonkrebse und Tintenfische*
Lebensdauer: *20 Jahre*

Der Königspinguin ist die zweitgrößte Art der Pinguine (Spheniscidae) und gehört mit dem Kaiserpinguin zur Gattung der Großpinguine (Aptenodytes).

Für diese Art charakteristisch ist der besonders lange, schmale Schnabel und die auffällige orangene Farbgebung an der Hals- und Ohrenpartie. Die Jungen der Königspinguine haben ein braunes Federkleid und sind mit etwa vier Monaten schon beinahe so groß wie ihre Eltern.

(Foto des Königspinguins auf Seite 42)

Wissenswertes vor dem Filzen

Arbeitsmaterial

Vlieswolle (auch Kardwolle genannt)
Backblech oder Tablett
Handtuch, Schüssel, warmes Wasser
Schmierseife (oder Olivenseife)
Filznadel, Stickgarn

Die Seife in einem Liter warmen Wasser auflösen (Schmier-seife: 1 gestrichener Esslöffel auf 1 Liter hartes Wasser).
Für plastische Objekte wird immer Vlieswolle (Kardwolle) verwendet. Von grob bis fein kann jede gut filzende Wolle benutzt werden. Sehr feine Merinowolle wird nur für Minia-turtiere und für die Farbgebung verwendet, grobe Bergschaf-wolle eher für große massive Tiere.
Beim Aufbau entsteht eine relativ weiche Grundform, die noch nicht dem fertigen Tier entspricht. Jede Wollflocke wird trocken aufgelegt und dann mit Seifenwasser angedrückt. Wollstücke nicht nass auf dem Tier ziehen.
Beine, Ohren, Flügel oder Schwänze werden in Omegaform angesetzt (Ω).

Ist die Grundform fertig, wird erst einmal angefilzt. Die Form ist dabei unwichtig, sondern die gesamte Oberfläche soll sich schließen und mit der Wolle darunter verbinden. Dabei wird mit der ganzen Handfläche gearbeitet. Die Bewegung ist ein «Auf-der-Stelle-Vibrieren». Kreisende oder reibende Bewegungen verschieben die oberflächlichen Wollschichten. Fühlt sich das Tier trocken an und Haare stehen ab, wird noch etwas Seife in die Hände gegeben. Schäumt es zu sehr, kann alles etwas mit heißem Wasser verdünnt werden.

Sind die Ohren zu breit oder lang geraten, werden sie nach dem Anfilzen einfach zurechtgeschnitten. Ebenso, wenn ein oder mehrere Beine zu lang geworden sind.

Die gewünschte Form entsteht beim Walken erst gegen Ende des Filzprozesses durch Formen und Festigen im Wechsel. Walken heißt Richtung Mitte oder dünner und schmaler drücken, reiben, klopfen und schieben. Das Tier schrumpft dadurch etwa um ein Drittel.

Nach dem Filzen muss die Seife gut ausgespült werden (siehe hierzu Seite 85).

Zum Einstieg eignen sich Robbe, «Kringelfuchs» und sitzendes Bärenkind. Für die Eisbär-Mama sollte man sich in Ruhe Zeit nehmen und schon etwas Übung haben.

Eisbär-Mama

stehend, Arbeitsdauer 4 bis 5 Stunden

Material

ca. 250 g weiße Bergschaf- oder Neuseelandwolle im Vlies
kleine Flocke feine schwarze Merinowolle

1 Anfangsstück 20 x 15 cm, 4 g
2 Beinstücke je 30 x 9 cm, 5 g
2 Ohrstücke je 8 x 3 cm unter 1 g

Am besten einen kleinen Vorratsberg Wollflöckchen zupfen, damit während des langen Aufbaus nicht ständig die Hände getrocknet werden müssen, um neue Wollflocken vom Vlies abzuzupfen.

Das Anfangsstück fest zusammenrollen, in das warme Seifenwasser tauchen und tropfnass auf das Backblech legen. Diese Rolle sollte etwa 12 cm lang und 3 cm dick sein. Ein langes Beinstück längs in Omegaform auf die Mitte der Rolle setzen. Ein Ende auflegen und befeuchten, das andere Ende in entgegen gesetzter Richtung auflegen, befeuchten und den hochstehenden Bogen zu 2 Beinen teilen. Am Ende der Körperrolle ebenso das zweite Beinstück ansetzen und teilen. Alle

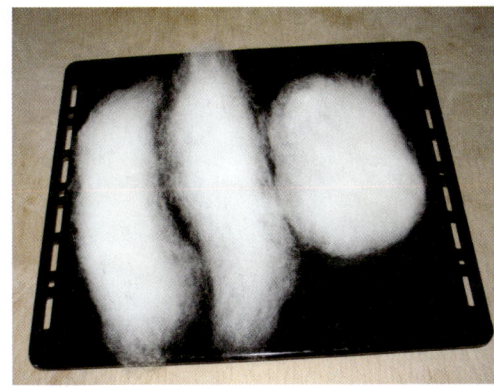

Anfangsstück
2 Beinstücke

49

4 Beine befeuchten und zusammendrücken. Jeder Beinansatz bekommt eine Wollflocke über Kreuz als Verbindung zum Körper. Die Rolle mitsamt den 4 Beinen vorsichtig auf die Seite drehen. Das vordere Ende der Körperrolle ein Stück nach außen ziehen, damit etwas Platz für den Kopfaufbau entsteht. Der gesamte Aufbau wird in Seitenlage fortgesetzt, dabei die Figur immer wieder von einer auf die andere Seite drehen. Nicht während des Aufbaus hinstellen oder setzen. Nur zur Beinkontrolle gegen Ende des Aufbaus auf den Rücken legen und zum Ohrenvergleich den Kopf hochhalten.

Die Wollflocken werden *trocken* aufgelegt, erst dann befeuchtet und angedrückt. Zum Befeuchten am besten mit der Hand aus der Schüssel Seifenwasser schöpfen und auf die belegte Stelle schütten. Lieber zu nass als zu trocken arbeiten. Das Seifenwasser wirkt während des Aufbaus wie ein Kleber und während des Filzens später wie ein Gleitmittel.

Den gesamten Körper nur von der Seite und oben belegen, damit die Länge der Beine erhalten bleibt.

Die Wollstücke nicht um den Körper wickeln, sondern dicke Flocken auf Beinen, Seiten, Po und Kopf verteilen. Lange Stücke nicht um die Beine wickeln, sondern längs auflegen, an den Pfoten und der Seite straff nach innen schlagen. Jede Flocke fest andrücken, damit der Körper nicht zu weich wird – jedoch noch nicht filzen.

Anfangsrolle
2 Beinstücke

Hinterbeine angesetzt, noch nicht auseinandergeteilt. Beinstück für Vorderbeine in Omegaform.

Aufgesetzte Beinstücke auseinandergeteilt

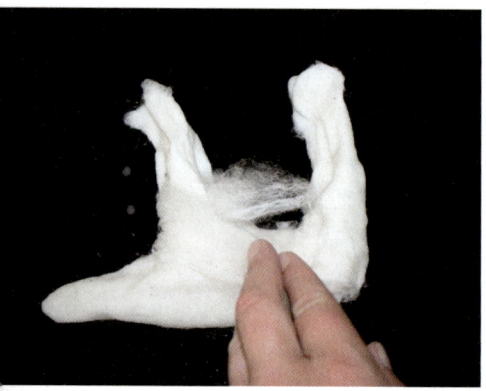

Beine nass zusammengedrückt, Körper in Seitenlage; um jeden Schenkel wird ein Wollstreifen von innen nach außen gelegt

Den Kopf mit 2 dicken Stücken umwickeln, später nur noch gezielt Flocken über die Schnauze und den Kopf legen. Brust und Kopf sind beim Eisbären nicht so dick und rund wie etwa beim Braunbär. Viele Flocken über den Po und von der Seite auf den Innenschenkel legen. So entsteht ein dickes, rundes Hinterteil. Immer wieder vom Körper auf die Außenschenkel Wolle auftragen, damit später genug Oberschenkelmuskeln vorhanden sind und eine «standhafte» Verbindung von Beinen und Körper entsteht. Mit einigen Extraflocken den Rücken auf Schulterhöhe belegen. Ab und zu auch seitlich Flocken Richtung Bauch auflegen. Mit 2 Fingern vor den Vorderbeinen und den Kopf fassen. Dieser Bereich wird nachher zur Brust. Den Kopfbereich davor, falls nötig, noch etwas aufbauen (nicht zu groß, mit den Ohren wächst der Kopf noch weiter). Seitlich am Hinterkopf jeweils die Ohren befestigen. Die Ohrflocken (8 x 3 cm) wie bei den Beinen in Omegaform ansetzen. Mit dem Daumen eine Ohrmuschel eindrücken, befeuchten und von hinten nach vorne mit zwei Flöckchen umkleiden. Dabei zu einem Ohr formen und die Ohrvertiefung verstärken. Noch 4 bis 5 Flocken über das gesamte Ohr legen. Jeweils gut befeuchten und fest an das Ohr anfügen, es soll nur dicker, aber nicht breit und groß werden. Ein winziges Flöckchen schwarze Wolle in die Ohrvertiefung legen. Den Kopf unter den Ohren verstärken und noch etwas Material auf die Schnauze legen.

Durch Zusammendrücken der Schnauze, Beine und Pfoten prüfen, ob genügend Wollmasse vorhanden ist. Dadurch wird die Luft herausgedrückt.

Für den Schwanz ein knapp 2 cm langes Röllchen wickeln, befeuchten, auf den unteren Pobereich legen und mit 3 bis 4 Flöckchen überziehen. Für die gesamte Grundform lieber etwas zu viel als zu wenig Masse aufbauen. Prüfen, ob die Grundproportionen stimmen (Bilder, Fotos).

Wenn alles gut gefüllt ist, die Hände flach auf das Tier legen und auf der Stelle sachte wackelnd (nicht kreisen oder reiben) Stück für Stück die Oberfläche anfilzen. Falls nötig, zwischen die Beine noch 1 bis 2 Flocken legen und sofort anfilzen. Mit sanftem Druck *immer* Richtung Körpermitte arbeiten. Je fester sich der Bär anfühlt, desto stärker darf er bearbeitet werden.

Das Drücken, Reiben, Klopfen wechselt sich mit dem Formen der Ohren, Schnauze, Tatzen, Po und Schenkel ab. Wenn der Körper schon gut angefilzt, jedoch noch relativ weich ist, schon einmal ausprobieren, welche Haltung das Tier später einnehmen soll, zum Beispiel liegend, sitzend, gehend oder zur Seite gedreht. Die gewünschte Haltung immer wieder einprägen und in dieser Position fertig walken.

Die Ohren klein und rund, die Schnauze schmal und kantig, den Kopf oben flach zwischen den Ohren formen. Eventuell der Stirn eine Falte einarbeiten. Die Tatze mit Daumen und

Ohr in Omegaform ansetzen

Walken des Halses und der vorderen Oberschenkel

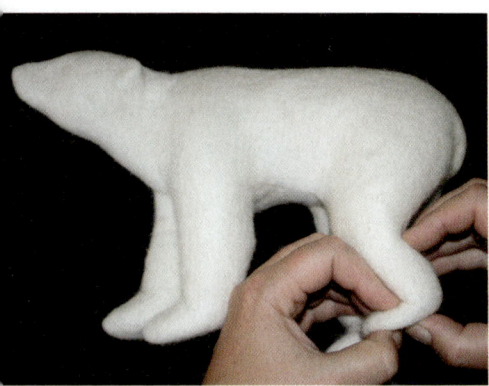

Formen des Knies und der Tatzen

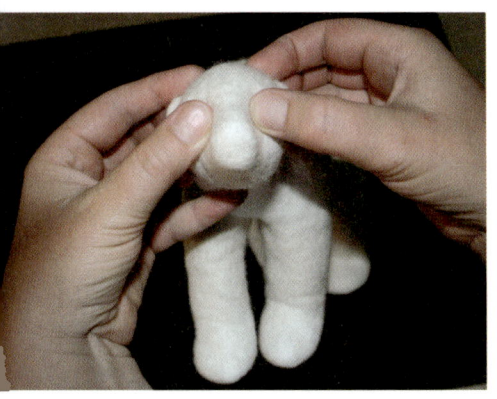

Formen der Schnauze und des Kopfes

Zeigefinger nach vorne formen. Die Schenkel vom Bein in den Körper walken und den Hinterbeinen einen Knick (Knie) nach vorne einprägen. Po nach unten abfallend rund formen. Das Schwänzchen durch Umkreisen von unten vom Po absetzen. Eventuell den Schulterhöcker einarbeiten.

Zum Schluss muss sich das Tier richtig fest anfühlen, und wenn mit den Fingern an der Oberfläche gezupft wird, dürfen sich höchstens zwei oder drei Haare zwischen ihnen befinden. Den fertig gefilzten Bären in die Dusch- oder Badewanne setzen oder legen (nicht stellen!). Mit der Duschbrause ca. 10 Sekunden warm abduschen, dies etwa alle 10 Minuten 10-mal wiederholen (Abstände dürfen auch länger sein). Tropft aus dem hochgehaltenen Tier kein Seifenwasser mehr heraus, dieses auf einem Handtuch abtropfen lassen. Falls nötig, danach noch zurechtklopfen und anschließend in der Sonne oder auf der Heizung trocknen lassen.

Nach dem Trocknen mit schwarzem Baumwollstopfgarn oder Stickgarn Schnauze, Augen und Krallen aufsticken. Dabei Augen und Schnauze mit Stecknadeln markieren. Bei kleinen Tieren 2 Fäden, beim großen Bär 4 Fäden verwenden. Wer nicht sticken mag, kann auch mit einer feinen Filznadel ein Miniflöckchen feine schwarze Wolle (nicht zum Kügelchen gerollt!) als Augen und Schnauze aufnadeln (siehe Seite 86).

Vom Eisbär-Baby bis zum Eisbär-Kind

Arbeitsdauer ca. 2 – 3 Stunden
Aufbauschritte siehe Eisbärmama (Seite 49 ff.)
für alle drei Kindgrößen

Kleines Baby

Material
1 g feine weiße Wolle
etwas rosafarbene Wolle

Anfangsstück 2 x 2 cm
2 Beinstücke je 3 x 0,5 cm
2 Ohrstücke je 1 x 0,5 cm

Alles mit sehr kleinen Wollstücken und wenigen Schichten aufbauen. Zum Schluss etwas rosafarbene Wolle mit weißer mischen und alles damit belegen. Beim Filzen die Beine nach vorne und hinten gestreckt formen, das Gesicht rund und wenig ausgeprägt gestalten.

Kleinkind

Material
20 g weiße Wolle

Anfangsstück 4 x 4 cm
2 Beinstücke je 6 x 1 cm
2 Ohrstücke je 2 x 1 cm

Alles kurz und nicht zu dick aufbauen. Den Kopf rund und die Ohren nicht zu klein formen. Beim Walken eine tapsige oder knuddelige Haltung einwalken, zum Beispiel vorsichtige Schritte oder wie ein Baby eingekuschelt (siehe Foto auf Seite 58).
Den Kopf rund walken, die Schnauze vom Kopf abgesetzt formen. Dadurch eintsteht eine Kinderstirn.

Halbwüchsiges Kind

Material: 60 g weiße Wolle

Anfangsstück 7 x 7 cm
2 Beinstücke je 9 x 2 cm
2 Ohrstücke je 2,5 x 1 cm

Mit dicken, aber kurzen Schichten arbeiten. Alles kürzer und den Kopf runder aufbauen, nicht so massiv wie bei der Eisbär-mama. Beim Filzen alles immer wieder Richtung Mitte knud-deln und die typisch spielerischen Bewegungsformen ein-walken. Beim Walken der Schnauze eine Kinderstirn formen. Das Gesicht stärker ausprägen als beim Kleinkind.

Sitzendes Eisbär-Kind
(gut für Anfänger)

Material: 20 g weiße Wolle

Anfangsstück 4 x 4 cm
1 Beinstück 4 x 2 cm
2 Ohrstücke je 2 x 1 cm

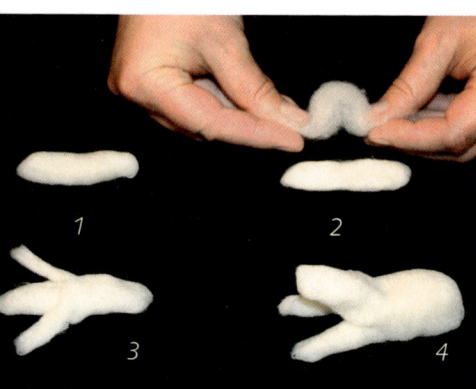

1 Anfangsrolle
2 Bein in Omegaform in
   der Rollenmitte ansetzen
3 Beine geteilt, eine
   Verbindungsflocke
   um jeden Ansatz, in
   Bauchlage gedreht
4 In Bauchlage weiter
   aufgebaut

Das Anfangsstück (4 x 4 cm) zusammenrollen und befeuchten. Auf die Mitte der Rolle das Beinstück (4 x 2 cm) in Omegaform ansetzen. Die Ansätze befeuchten, der hochstehende Bogen wird trocken zu zwei Beinen geteilt. Diese befeuchten und zusammendrücken. Um beide Beinansätze eine Wollflocke vom Oberschenkel zum Körper legen. Das ganze Stück auf den «Bauch» legen.

Den Körper dick mit vielen Schichten aufbauen, immer mal wieder seitlich einen Wollstreifen von den Pfoten über die Beine in den Körper legen. Das Halsende durch Zug verlängern und quer mit einem dicken Stück umwickeln. Kurze Flocken von vorne längs und quer über den Schnauzenbereich legen. Figur auf die Seite legen und den Körper gegen die nach unten gedrückten Beine schieben. Prüfen, ob Körper und Po genügend Masse haben.

Die Ohrstücke auf beiden Seiten am Hinterkopf in Omegaform ansetzen. Jedes von hinten nach vorne mit einem kleinen Wollstück verbinden und dabei die Ohrvertiefung formen. Noch mindestens 2 bis 3 Flocken auf Ohr und Ohransatz verteilen. Die Eisbärohren sind schmal und klein, aber dick. Lieber soll das Ohr zu groß sein, als dass es beim Walken fast verschwindet. Notfalls frühzeitig zurechtschneiden.

Prüfen, ob die Brust dick genug ist, und unter den Ohren noch einige Schichten zur Schnauze hin auflegen.

Beim sachten Anfilzen das Tier an den heruntergebogenen Vorderbeinen und dem Rücken festhalten. Rücken und Po rund walken, ein wenig die Oberschenkel einwalken und den Schwanz andeuten.

Die Beine und Brust gerade formen, dafür mit den Fingern fest den Hals zum Körper schieben und den Hals umkreisen. Die Schnauze mit Druck zum Hinterkopf von oben umkreisen, an der Spitze ein kleines Dreieck formen. Die Tatzen mit dem Daumen von unten nach vorne schieben.

Nach dem Ausspülen und Trocknen Gesicht und Krallen besticken oder benadeln (siehe Seite 85 ff.).

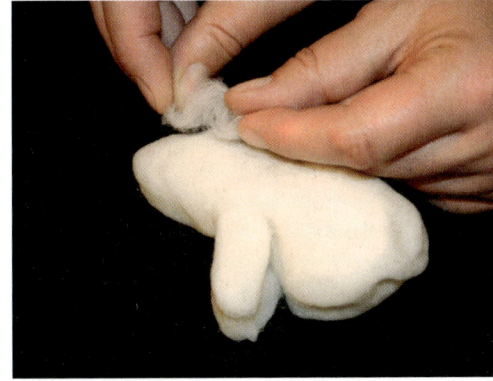

Ohransatz seitlich in Omegaform

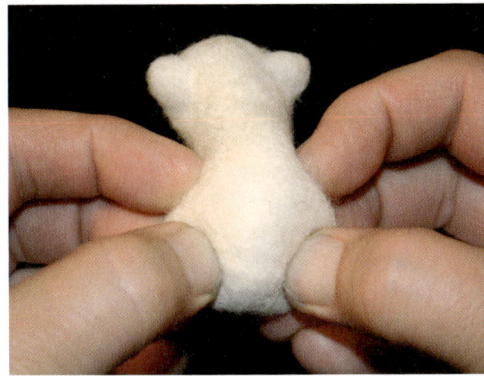

Formen der Schenkel und Einprägen der sitzenden Haltung

61

Sattelrobbe

Arbeitsdauer ca. 2,5 Stunden

Material
40 g graue Wolle
etwas dunkelgraue mittelfeine Wolle

Anfangsstück 20 x 14 cm (5 g)
2 Flossenstücke je 10 x 3 cm

Ein Vliesstück (20 x 14 cm) fest zusammenrollen und befeuchten. Ein Ende etwas herausziehen und zur Schwanzflosse
teilen.
Körper und Kopf mit einigen Wollflocken aufbauen, diese jeweils
trocken auflegen, befeuchten und einmal fest anstreichen.
Für die Flossen zwei Wollstreifen (10 x 3 cm) seitlich auf Brusthöhe leicht schräg ansetzen. Mit einigen Flocken den Ansatz
verbinden und die Flossen verstärken.
Den Körper dick und rund aufbauen, Richtung Schwanz wenig
belegen, die Schwanzflossen an die Vorderflossen anpassen.
Der Kopf wächst durch Wollstücke über die Schnauze und
schräg von unten. Mit den Fingern prüfen, ob genügend
Material für die Schnauze vorhanden ist.

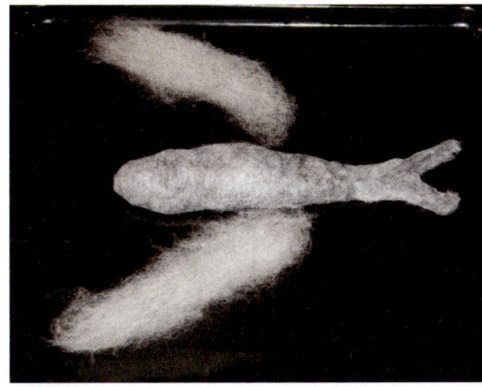

*Anfangsrolle, Schwanz
zweigeteilt mit Stücken für
die Flossen*

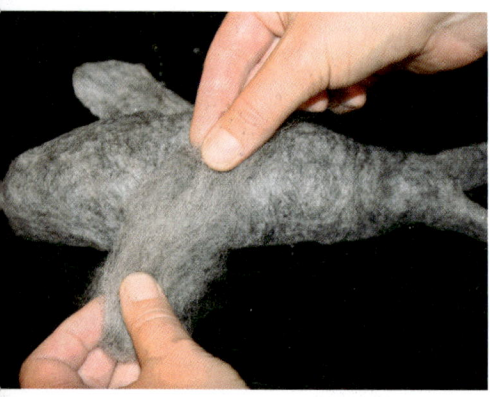

Flossen an Rücken und Bauch angesetzt

Schnauze einwalken

Mit dunkelgrauer Wolle den Rücken unregelmäßig bedecken, je nach Vorstellung einzelne Tupfen verteilen. Diese an den Kanten etwas festnadeln, damit sie farblich vom Hellgrau abgegrenzt sind. Sachte wackelnd anfilzen. Mit zunehmender Festigkeit immer wieder Formen und Walken im Wechsel.

Die Vorderflossen nach vorne biegen, die Schnauze von oben umkreisen und die Augenhöhlen etwas eindrücken. Soll die Robbe nach oben schauen, den Kopf von unten mit Druck umkreisen, den Schwanz, falls gewünscht, einer bestimmten Haltung anpassen.

Abduschen und nach dem Trocknen Gesicht und Krallen sticken oder nadeln (siehe Seite 85 ff.).

Robbenbaby

Material
20 g weiße Wolle

Anfangsstück 7 x 7 cm
2 Flossenstücke je 3 x 1 cm

Das Anfangsstück fest zusammenrollen, befeuchten, eine Seite etwas in die Länge ziehen und dieses Ende zu zwei Flossen teilen. Mit zwei bis drei Flöckchen jede Flosse umkleiden. Den Körper dick und rund aufbauen.

Die Vorderflossen jeweils seitlich in Brusthöhe leicht schräg in Omegaform ansetzen. Mit mehreren Schichten Flossen und Körper verbinden. Auf den Kopf einige Schichten längs und quer anbringen, er soll richtig rund werden. Nach dem Anfilzen den gesamten Körper kürzer und gedrungener walken, den Kopf runder formen als bei der großen Robbe.

Die Flossen nach vorne walken und die Schnauze mit Druck gegen den Kopf von oben umkreisen. Den Kopf von unten umkreisen und dabei nach oben drücken, so richtet er sich auf. Nach dem Duschen und Trocknen Gesicht und Krallen besticken oder benadeln (siehe Seite 85 ff.).

66

Polarfuchs

Material

10 bis 25 g weiße Neuseelandwolle oder süddeutsche
Merinowolle
evt. etwas schwarze Merinowolle
für die braune Sommerphase 10 bis 25 g braune und beige
Bergschaf- oder deutsche Merinowolle

Beim liegenden Fuchs wird weniger Material benötigt als beim
sitzenden oder stehenden.

Liegender Fuchs (gut für Anfänger)

Arbeitsdauer ca. 2,5 Stunden

Körperstück 15 x 5 cm
Ohrstück 3 x 2 cm

Bei diesem «Kringelfuchs» sind Körper und Schwanz aus einem
Stück. Das Körperstück (15 x 5 cm) fest zusammenrollen und
befeuchten. Der Körper mit Kopf nimmt etwas mehr als die

Hälfte der Rolle ein. Den Schwanz von hinten belegen, den Körper so belegen, dass er nicht völlig in den Schwanz übergeht. Dabei die Rolle gerade liegenlassen. 3 bis 4 Flocken über die Schnauze auf den Kopf legen.

Die Ohren mit einem Stück (3 x 2 cm) in Omegaform ansetzen, teilen, befeuchten und mit einigen Schichten verbinden und verstärken. Die erste Verbindungsschicht von hinten nach vorne um das Ohr legen und dabei die Ohrmuschel vertiefen. Stirn, Wange und Schnauze aufbauen. Durch Drücken prüfen, ob der Körper dick genug ist. Eventuell etwas Schwarz auf die Schwanzspitze legen. Sachte zwischen den Händen rollend anfilzen.

Sobald die Oberfläche fester wird, die gesamte Rolle in die Rundung biegen. Diese während des gesamten Walkens gebogen lassen. Den Körper etwas flacher walken als den Schwanz. Die Schnauze mit Druck zum Kopf hin von oben umkreisen, vorne ein kleines Dreieck formen. Die Ohren zwischen den Fingern reibend kleiner walken und seitlich zusammendrücken, um die Ohrvertiefungen einzuprägen. An der Außenseite zwischen Kopf und Hals eine Vertiefung einwalken, ebenso auf dem Schwanz, in dieser ruht der Kopf. Abduschen, trocknen (beachten, dass der Kopf gut auf dem Schwanz liegt) und besticken. Den Kopf dabei eventuell durch einige Stiche auf dem Schwanz befestigen (siehe Seite 86).

Körper und Schwanz fast fertig aufgebaut. Die Ohrflocke wird in Omegaform angesetzt und zweigeteilt.

Sitzender Fuchs

Arbeitsdauer ca. 3 Stunden

Körperstück 12 x 6 cm
Schwanzstück 10 x 3,5 cm
Beinstück 10 x 4 cm
Ohrstück 3 x 2 cm

Auf das Körperstück (12 x 6 cm) quer dazu das Schwanzstück (10 x 3,5 cm) legen, fest zusammenrollen und befeuchten. Für einen sitzenden Fuchs in die Mitte dieser Rolle den Beinstreifen (10 x 4 cm) in Omegaform aufsetzen, am Körper befeuchten und die hochstehende Schlaufe zu zwei Beinen teilen. Diese jeweils nass zusammendrücken. Um jeden Beinansatz eine Flocke über Kreuz legen, andrücken und den ganzen Körper umdrehen. Der Fuchs liegt jetzt auf dem Bauch. Den Rücken und die Seite mit vielen Wollstücken belegen, den Schwanz von hinten ebenso. Die Beine seitlich vom Körper und über die Pfoten belegen.

Den Kopf etwas herausziehen, quer und längs darüber einige kurze Flocken verteilen, jedoch nichts zwischen den Beinen anlegen. Den Fuchs seitlich platzieren, die Beine nach unten schieben und prüfen, ob an Po, Brust und Schnauze noch Ma-

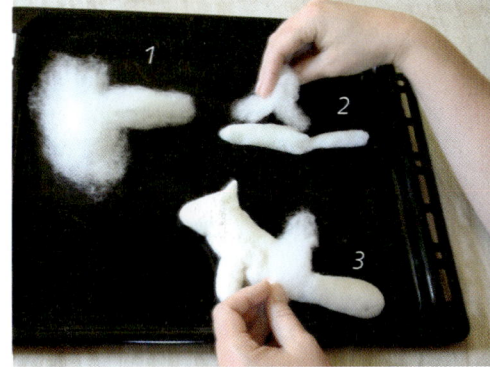

1 Körperstück mit aufgelegtem Schwanzstück
2 Ansetzen des Beinstücks
3 Fast fertig aufgebaut, Schenkel und Po werden noch verstärkt

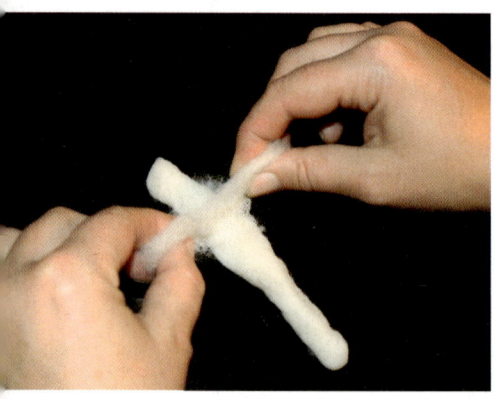

Vorderbeine in der Mitte angesetzt und geteilt

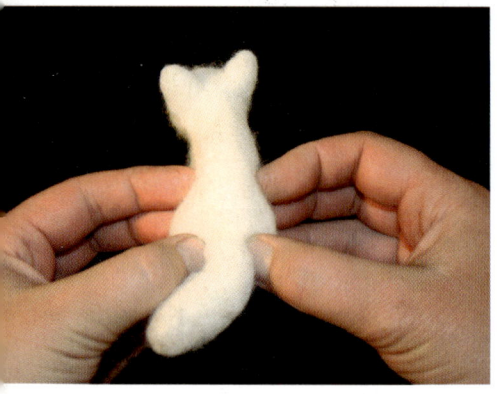

Einprägen der sitzenden Form

terial fehlt. Ohrenstück (3 x 2 cm) in Omegaform ansetzen, zu zwei Ohren auseinanderteilen und mit einigen sehr dünnen Schichten verbinden und verstärken. Die erste Verbindungsflocke von hinten nach vorne ums Ohr legen und dabei die Ohrmuschel formen. Polarfuchsohren sind nicht so groß und spitz wie bei einem Rotfuchs.

Unter und vor den Ohren etwas Wange und Stirn aufbauen. Durch Drücken prüfen, ob alles dick genug ist, eventuell noch einen Hauch Schwarz an die Schwanzspitze legen.

Das Tier mit einer Hand an Brust und Vorderbeinen, mit der anderen am Rücken sachte rüttelnd anfilzen. Die Ohren Richtung Kopf zart andrücken. Den ganzen Kopf umschließen und vorsichtig drücken. Die Beine dünn, den Schwanz dick und rund walken. Den gesamten Körper immer wieder Richtung Schwanz schieben, damit eine gute Sitzhaltung entsteht. Kopf und Hals werden mit festem Reiben und Druck Richtung Körper geformt. Die Nase fest Richtung Kopf drückend von oben umkreisen und insgesamt Kopf und Schnauze gegeneinander schieben. Vorne an der Schnauze ein kleines Dreieck formen. Ohren kleiner walken und durch seitliches Zusammendrücken zwischen den Fingern vertiefen. Falls gewünscht, eine Pfote nach oben formen und/oder den Kopf zur Seite walken.

Duschen und nach dem Trocknen Augen und Schnauze aufsticken oder nadeln (siehe Seite 85 ff.).

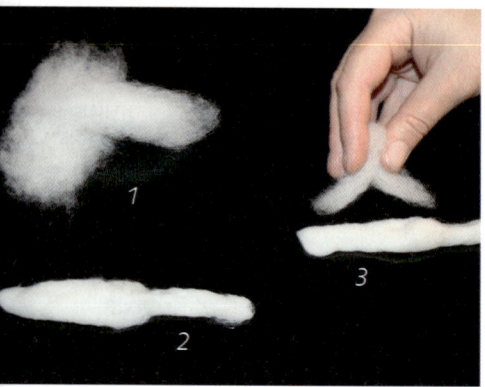

1 Körper- und Schwanzstück
  aufeinandergelegt
2 Alles fest aufgerollt und
  befeuchtet
3 Beinstück wird auf die
  Mitte der Rolle gesetzt

Stehender Fuchs

Arbeitsdauer ca. 3,5 Stunden

Körperstück 12 x 6 cm
Schwanzstück 10 x 3,5 cm
2 Beinstücke 10 x 4 cm und 12 x 4 cm
Ohrstück 3 x 2 cm

Quer auf das Körperstück (12 x 6 cm) das Schwanzstück (10 x 3,5 cm) legen, fest zusammenrollen und befeuchten. Ein Beinstück (10 x 4 cm) in der Mitte der Körperrolle und ebenso einen etwas längeren Wollstreifen (12 x 4 cm) am Körperende ansetzen. Jeweils in 2 Teile teilen und befeuchten. Jeden Ansatz mit einem Wollstück über Kreuz verbinden, andrücken und das ganze Tier auf die Seite legen.
Den Körper wie ein Rechteck belegen, den Schwanz von hinten her dick aufbauen. Den Kopfansatz in die Länge ziehen und mit einigen Flocken längs und quer belegen.
Für die Ohren ein Flöckchen (3 x 2 cm) in Omegaform am Hinterkopf ansetzen, auseinanderteilen, befeuchten und zur Ohrmuschel formen. Mit einigen dünnen Schichten zu einem kleinen, recht dicken Ohr formen. Auf Stirn und Wangen noch schmale Stückchen legen.

Die Beine längs mit schmalen Streifen belegen und an den Pfoten gut umschlagen. Für den Po seitlich nach hinten jeweils einige Flocken auflegen. Durch Druck prüfen, ob Brust und Schnauze genügend Masse haben. Mit Ring- und Mittelfinger zwischen den Beinen und dem Zeigefinger gegen die Brust gedrückt sachte wackelnd anfilzen (siehe Foto unten).

Während des Walkens abwechselnd formen und festigen. Den Körper nicht zu schlank filzen.

Das Tier während des Walkens immer mal wieder sachte zusammenschieben, damit es nicht nur dünner wird. Unter dem Kopf die Brust einwalken, dabei stark zum Körper drücken. Schnauze von oben mit Druck zum Kopf umkreisen und an der Spitze ein kleines Dreieck formen. Falls gewünscht, den Kopf zur Seite oder nach unten walken, die Beine in Lauf- oder Sprungstellung formen. Mit dem Daumen die Pfoten nach vorne formen.

Das fertige Tier abduschen, trocknen und besticken (siehe Seite 85 ff.).

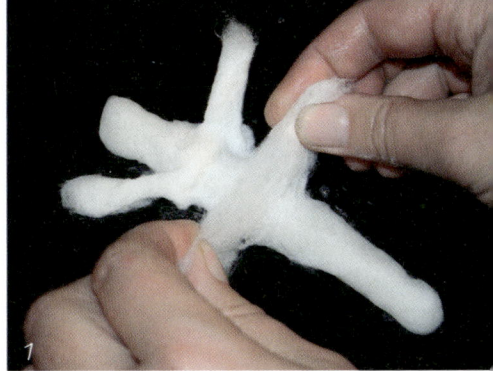

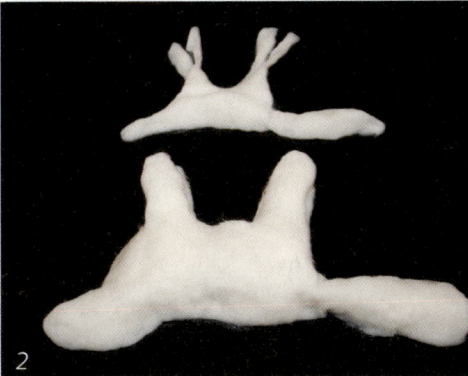

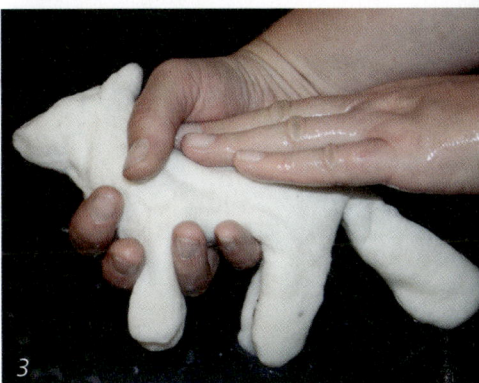

1 Beinstücke angesetzt und jeweils zu linkem und rechtem Bein geteilt
2 Körperteil mit angesetzten Beinen auf die Seite gedreht; unten in Seitenlage aufgebaut
3 Griff beim Anfilzen

75

Kleines Fuchsbaby

Aufbau siehe liegender und sitzender Fuchs, Seite 67 ff., 71 f.

Material
4 g braune Merinolandschaf- oder Merinowolle
etwas beige Merinolandschafwolle

Anfangsstück 1 x 1 cm
Schwanzstück 1,5 x 1 cm
1 bis 2 Beinstücke 2 x 0,5 cm
Ohrstück 1 x 0,5 cm

Mit sehr kleinen, dünnen und wenigen Schichten aufbauen und die Ohren seitlich ansetzen. Alles kurz und rund formen. Das Gesicht wenig ausgeprägt walken.

Fuchskinder

Aufbau siehe sitzender und stehender Fuchs, Seite 71 ff.

Material
6 g braune Merinolandschaf- oder Merinowolle
etwas beige Merinolandschafwolle

Anfangsstück 2 x 2 cm
Schwanzstück 1 x 3 cm
1 bis 2 Beinstücke 1 x 3 cm
Ohrstück 1 x 1 cm

Alles kürzer und runder aufbauen. Die Ohren nicht zu groß
und die Schnauze nicht zu lang aufbauen. Kindliche Bewegung und runde Stirn einwalken.

Anfangsrolle mit Fuß, Schwanz und Flügelflocken

Königspinguin

Arbeitsdauer ca. 3 Stunden

Material
15 g weiße Wolle
5 g dunkelgraue, schwarze, gelbe
und orangefarbene feine Wolle

Anfangsstück 15 x 10 cm
Fußstück 7 x 2 cm
Schwanzstück 7 x 2,5 cm
2 Flügelstücke je 13 x 3 cm

Das Anfangsstück (15 x 10 cm) fest zusammenrollen, durchnässen und oben ein schmales 1 cm langes Stück Schnabel herausziehen.
Den gesamten Körper dick aufbauen, den Kopf aber klein lassen. Ein Flöckchen (7 x 2 cm) als Fußschlaufe am Bauch und unterhalb der Rolle ansetzen, teilen und mit 2 bis 3 Wollflöckchen am Körper befestigen.
Ein Stück (7 x 2,5 cm) als Schwanz am Rücken und unterhalb der Rolle ansetzen, spitz zulaufend zum Körper hin dicker mit einigen Wollstücken belegen.

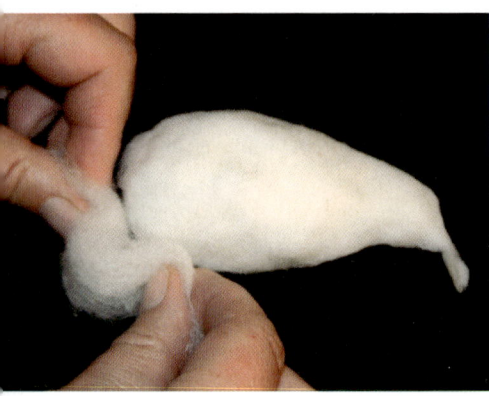

*Beinstück in Omegaform
ansetzen*

*In der gebogenen Hand
Bauch und Brust anfilzen*

Soll der Kopf zur Seite schauen, Beine und Schwanz an der eigentlich rechten und linken Seite des Körpers befestigen.

Zwei Wollstreifen (13 x 3 cm), jeweils seitlich *trocken* unterhalb des Kopfes in Omegaform ansetzen, etwas mit der Filznadel befestigen, durchfeuchten und mit einigen kleinen Flöckchen verbinden. Unter den Flügeln den Ansatz gleich etwas anfilzen, damit die Verbindungsflocken nicht verrutschen.

Kopf, Schnabel und Füße schwarz verkleiden, die Flügel von außen, Körperseite und Rücken grau überziehen. Nochmals einige weiße Stücke auf die Brust legen (eventuell kurz schneiden). Ein wenig Gelb unterhalb des Kopfes anbringen, auf dieses noch einen Tupfen Orange setzen. Ebenso seitlich des Schnabels und des Kopfes etwas Orange anbringen, dieses mit der Filznadel befestigen.

Vom Kopf vor den Flügeln an der Seite bis zum Fuß als Begrenzung zum Grau einen sehr dünnen schwarzen Wollstreifen annadeln. Alles gut befeuchten, den Pinguin bäuchlings auf der gebogenen Hand sachte anfilzen. Die Füße können dabei zwischen den Fingern durchhängen und der Kopf mit dem Zeigefinger nach hinten gedrückt werden.

Die Flügel und Beine schmal walken, den Kopf stark vom Körper absetzen, eventuell nach vorne oder zur Seite biegen. Falls gewünscht, Bauchfalte einwalken. Soll unter dieser ein Ei Platz finden, mit spitzer Schere ein Loch unter der Bauchfalte ein-

schneiden, welches mit dem Finger ver-
größert und gefilzt wird. Ausspülen, trocknen, Augen sticken oder nadeln. Eventuell
einen weißen Lichtpunkt aufsticken.

Pinguin-Kind

Material
10 bis 20 g mittelfeine braune
und feine schwarze Wolle

Anfangsstück 4 x 3 cm
Fußstück 2 x 1 cm
Schwanzstück 2 x 1 cm
2 Flügel je 4 x 1 cm

Die Größe des Kindes kann von winzig bis
hin zur Größe des erwachsenen Pinguins
reichen. Den Körper braun aufbauen,
Kopf und Füße schwarz überziehen. Der
Kopf darf im Verhältnis zum Körper etwas
dicker sein als beim erwachsenen Pinguin.
Niedlich und unbeholfen formen.

Pinguin-Ei

Material
knapp 1 g weiße Wolle

Anfangsstück 7 x 2 cm

Wolle fest zusammenrollen, befeuchten, ein bis zwei Flöck-chen quer dazu auflegen. Sachte anfilzen, festrollen, die leich-te Spitze zum Schluss formen.

Mini-Fisch

Material
knapp 1 g graue oder farbige Merinowolle

Anfangsstück 1 x 1 cm

Das Anfangsstück fest zusammenrollen und befeuchten. Das Schwanzende etwas ziehen und auseinanderteilen. Zwei bis drei Schichten um den Körper legen. Alles anfilzen und den Körper leicht gebogen walken. Nach dem Ausspülen und Trocknen Augen sticken oder aufnadeln (siehe Seite 85 ff.).

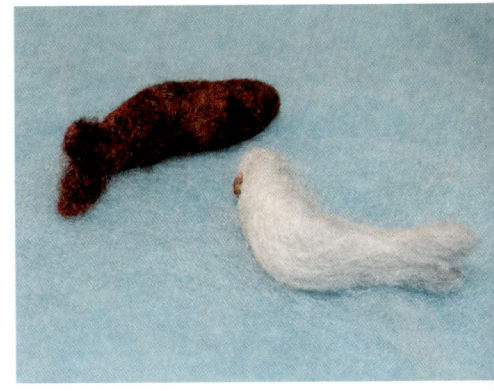

Auswaschen

Nach dem Filzen muss die Seife ausgespült werden. Dafür wird das fertige Filztier etwa 10 Sekunden alle 10 Minuten 10-mal geduscht (die Duschabstände können auch länger sein). Währenddessen nicht drücken, quetschen und nachformen. Erst wenn das Filztier auf einem Handtuch abgetropft ist, kann man es – falls nötig – rund klopfen oder zurechtbiegen und in gewünschter Position trocknen lassen.

Besticken

Material
schwarzes Baumwollstopf- oder Stickgarn
etwas weißes und grünes Stickgarn (Lichtpunkte)
schmale Nähnadel, Schere

Die Punkte für Augen und Schnauze mit Stecknadeln bestimmen. Bei kleineren Tieren zwei, bei größeren vier Fäden verwenden.
Mit kleinem Stich den Faden für die Schnauze vernähen. Nach mehreren Querstichen einen Längsstich setzen. Wiederum zwei Stiche schräg als Maul aufnähen.

Anschließend zum linken Auge stechen. Erst mit kurzen Stichen die Augen links und rechts andeuten und dann vollends in gewünschter Größe fertig sticken. Eventuell einen kleinen Lichtpunkt aufsticken.

Aufnadeln

Material
schwarze feine Merinowolle
etwas weiße und grüne Merinowolle (Lichtpunkte)
feine Filznadel
Schwamm zum Unterlegen

Ein Miniflöckchen feine Wolle auflegen (nicht zusammenrollen). In der Mitte mit einer feinen Filznadel fixieren. Den Rand ringsherum in die Mitte stechen. Erst anschließend den Rand verfestigen und eine vertiefende Kontur rund ums Auge nadeln. Eventuell einen kleinen Lichtpunkt anbringen, dadurch entsteht ein plastisches Auge.

Beim Arbeiten mit der Filznadel einen Haushaltsschwamm unterlegen, um Verletzungen und das Abbrechen der Filznadel zu vermeiden.

Rotraud Reinhard, geboren 1961, lebt mit Familie, Hunden und Katze im mittelalterlichen Burgdörfchen Maienfels. Aus den Tätigkeiten rund ums Spinnen und Stricken stieß sie im Jahr 1989 auf die Möglichkeit, Wolle zu verfilzen. Bald wurde nur noch gefilzt. Die Aufbautechnik wurde entwickelt und das Hobby zum Beruf. Seit vielen Jahren wandern aus ihrer Filzwerkstatt unzählige Tiere und vieles mehr zum Verkauf. In der eigenen Werkstatt, in Kindergärten, Schulen und Tagungsstätten finden Kurse und Workshops statt. Ihr erstes Buch, *Filzen von Tieren und Figuren*, erschien 2001, das zweite, *Filzen von Tieren aus aller Welt*, 2004. www.filztiere.de

Wolfgang Held, geboren 1964, studierte Pädagogik und Mathematik. Viele Jahre war er Mitarbeiter der Mathematisch-Astronomischen Sektion am Goetheanum und ist gegenwärtig dort im Bereich Kommunikation und Öffentlichkeitsarbeit tätig. Seit der Begründung des Lebensmagazins *a tempo* schreibt er monatlich über Fragen des schöpferischen Umgangs mit den Rhythmen der Zeit und des Lebens. Aus dieser Tätigkeit sind seine beiden falter-Bände hervorgegangen: *Der siebenfache Flügelschlag der Seele*, über das Leben mit dem Rhythmus der Woche, und *Vier Minuten Sternenzeit*.

Bildnachweis: © Blickwinkel: P. Cairns (30, U4), R. Dirscherl (26), E. Hummel (38, U4), McPHOTO (23, 32), S. Meyers (42), T. Milse (2, U4), F. Poelking (12, 16), U. Walz (18) – Jürgen Pfeiffer: Umschlagfoto sowie Seite 4, 46, 49 f., 56–58, 62, 65 f., 68, 74 (oben), 78 (oben), 79, 81 f., 84, 86 – Rotraud Reinhard: Seite 47, 49 (unten), 51–55, 59–61, 63 f., 67, 69–78, 80, 83

1. Auflage 2007

Verlag Freies Geistesleben
Landhausstraße 82 · 70190 Stuttgart
Internet: www.geistesleben.com

ISBN 978-3-7725-2068-6

© 2007 Verlag Freies Geistesleben
& Urachhaus GmbH, Stuttgart
Einbandgestaltung & Konzeption: Maria A. Kafitz
Herstellung & Layout: Thomas Neuerer
Druck: Westermann Druck, Zwickau